TABLE

DES EDITS,

DECLARATIONS,

ARRESTS ET REGLEMENS

CONCERNANT

LES DOMAINES.

Rendus pendant la Cinquiéme Année du Bail de Me NICOLAS DESBOVES.

Commencée le premier Octobre 1736. & finie le dernier Septembre 1737.

A PARIS;

Chez PIERRE PRAULT, Imprimeur des Fermes & Droits du Roy, Quay de Gêvres, au Paradis.

M. DCC. XLII.

TABLE

DES EDITS, DECLARATIONS,

ARRESTS ET REGLEMENS,

Rendus pendant la Cinquiéme Année du Bail
de Me Nicolas Desboves.

Commencée le premier Octobre 1736. & finie le dernier Septem-
bre 1737.

Concernant les Domaines de France, Controlle des Actes des No-
taires, Petits Scels, Insinuations Laïques, Centiéme Denier, Controlle
des Exploits, Greffes, Amortissements, Francs-Fiefs & nouveaux Acquêts
& Droits reservés dans les Cours & Jurisdictions, par les Edits des mois
d'Aoust 1716. Janvier & Novembre 1717. & rétablis par la Déclaration
du 15 May 1722.

Du 16 Octobre 1736.

ARREST du Conseil, qui ordonne que le Droit
d'Insinuation des Quittances d'Amortissemens,
dont les contraintes pour le Droit d'Amortissement
auront été décernées & signifiées pendant le cours
des Baux finis au dernier Decembre 1732. appartiendra aux

* A

Fermiers deſdits Baux , dans quelque tems que les Quittances ſoient expediées , & qu'il en ſera uſé de même pour les Fermiers du Bail actuel & pour les ſuivans.

Du 6 Novembre 1736.

Arreſt du Conſeil , qui ordonne que par le Sieur Intendant & Commiſſaire départi en Alſace , il ſera inceſſamment procedé , après les publications ordinaires & en preſence des Parties intereſſées où elle dûement appellées , à la vente & adjudication au plus offrant des Vins , Grains & autres effets périſſables de la ſucceſſion du ſieur Hund , originaire de Pays Etranger , décedé à Saverne le 3 Janvier 1736. & que les deniers provenans de ladite vente , ſeront remis au Receveur General des Domaines & Bois de ladite Province , qui en reſtera dépoſitaire pour les remettre à qui il ſera ordonné.

Du 11 Decembre 1736.

Arreſt du Conſeil , qui accorde aux Sous-Fermiers & Laboureurs des Villages dépendant de la Ferme des Domaines de Belle-Iſle en Mer, pendant l'année 1735. une indemnité de la ſomme de deux mille livres , pour les dédommager des pertes que leur ont cauſées les pluyes continuelles & les grands vents , de laquelle ſomme il ſera tenu compte par le Fermier principal du Domaine de Belle-Iſle , & à lui par Nicolas Desboves Fermier General des Fermes-Unies , auquel il en ſera pareillement tenu compte par le Roy.

Du 18 Decembre 1736.

* Arreſt du Conſeil , qui évoque en icelui l'Inſtance pendante en la Chambre du Domaine , entre les nommez Jean Dambry , Marchand Meûnier-Farinier , demeurant au Moulin neuf Paroiſſe de Chambly & Adrien Godart , auſſi Marchand Meûnier-Farinier du Moulin du Meſnil-Sainte-Honorine , & Françoiſe Papelin , veuve de Jacques Dufour , Fermiere des Droits de péa-

ges qui se perçoivent dessus & dessous le Pont de Beaumont-sur-
Oyse, pour raison des Droits par elle, prétendus contre lesdits
Dambry & Godart, à cause des voitures qu'ils y ont fait passer &
repasser chargées de Farines & de pain, & ordonne l'execution
de l'Arrest du 9 Aoust 1735. par lequel il a été fait défenses à ladite veuve Papelin & à tous autres Fermiers des Droits de Péa-
ges & travers, dessus & dessous le Pont de Beaumont, de perce-
voir aucuns Droits sur les Bleds, Grains, Farines & Legumes,
verds ou secs qui y passent & dans l'étendue du Comté de
Beaumont, à peine de restitution & d'être poursuivis extraordi-
nairement.

Du 12 Janvier 1737.

*   Arrest de la Cour de Parlement, qui ordonne qu'à l'avenir les
taxes & salaires pour la conduite des Prisonniers, seront réduits
à l'ancienne fixation de quatorze livres, par jour pour chaque
Prisonnier, à raison de huit lieues en Hyver & dix lieues en Eté,
& ce, comme avant l'Arrest de ladite Cour du 31 Aoust 1723.
& autres rendus en conséquence, & que pareillement le port
des procedures qui seront apportées au Greffe de ladite Cour,
ou qui seront portées dudit Greffe quand il n'y a point de Prisonniers, sera taxé comme il l'étoit avant lesdits Arrests, sauf
neanmoins à augmenter selon la qualité & condition des prisonniers, pour lesquels il seroit besoin d'une Escorte plus considé-
rable que celle accoûtumée, lequel excedent ne pourra être taxé
& ordonné qu'en vertu d'Arrest sur piéces communiquées au Sr
Procureur General.

Du 25 Janvier 1737.

*   Arrest du Conseil, par lequel Sa Majesté, sans s'arrêter à l'Arrest de la Cour des Aydes du 4 Févrir 1736. évoque à soy & à
son Conseil l'appel interjetté par les Asséeurs & Collecteurs de la
Paroisse de Vouzier Election de Rethel-Mazarin, de l'Ordonnance de l'Intendant de Champagne du 14 May 1735. rendue
au profit de Richard Roger, Controlleur des Actes des Notai-
res audit lieu de Vouzier, par laquelle la cotte de la Taille dudit

A ij

4 **DOMAINES.**

Roger a été réduite de cinquante livres à quarante livres, & que les Parties remettront inceſſamment leurs Requeſtes & Piéces és mains du Controlleur General des Finances, pour à ſon rapport être par Sa Majeſté ſtatué ſur le tout ainſi qu'il appartiendra ; & cependant ordonne l'execution de ladite Ordonnance par proviſion.

Des 29 Janvier & 17 Decembre 1737.

* Arreſts du Conſeil, qui caſſent un Arreſt du Conſeil de Rouſſillon, du 30 Janvier 1736. comme contraire à l'Article IX. du Titre de la Juriſdiction de l'Ordonnance des Eaux & Forêts du mois d'Aouſt 1669. ordonne l'execution d'un Décret décerné en la Maîtriſe de Quillan ; fait défenſes audit Conſeil de Rouſſillon, de rendre à l'avenir de pareils Arreſts & aux Parties de ſe pourvoir ailleurs qu'aux Maîtriſes pour raiſon des cas concernant la matiere des Eaux & Foreſts.

Du 29 Janvier 1737.

* Arreſt du Conſeil, qui juge que les Fermiers du Domaine du Roy, ne ſont point obligés pour le payement des Droits de Franc-Fiefs, de s'en tenir aux liquidations faites lors des précedens recouvremens ; & qu'ils peuvent, ſi bon leur ſemble, faire proceder à l'eſtimation du revenu des biens ſujets auſdits Droits.

Du 4 Février 1737.

* Jugement arbitral, ſervant de liquidation entre les co-Propriétaires du Greffe en chef des deux Chambres des Requeſtes du Palais à Paris.

Des 15 Novembre 1735. & 26 Février 1737.

* Arreſts du Conſeil, qui ordonnent que lors des ventes & ad-

judications des Bois appartenans à Sa Majesté, qui seront faites par les sieurs Grands-Maîtres, ou les Officiers des Maîtrises particulieres des Eaux & Forests, les Receveurs particuliers desd. Maîtrises, auront, en l'absence desdits Receveurs Generaux, la même séance & le droit de representation que lesdits Receveurs Generaux.

Du 26 Février 1737.

* Arrest du Conseil, en faveur des Receveurs Generaux des Finances, par lequel en execution de l'Arrest du Conseil du 3 Juin 1669. & de l'Edit de Juin 1704. défenses sont faites à tous saisissans sur les Gages, Droits, Augmentations de Gages, Rentes, Remboursemens & autres charges employées dans les Etats des Finances de Sa Majesté, de faire assigner les Receveurs Generaux des Finances, devant d'autres Juges que les Officiers des Bureaux des Finances de leurs Generalités; ordonne que pour la sûreté des Créanciers saisissans, ils seront tenus conformément à la Déclaration du Roy du 19 Mars 1661. de laisser pendant vingt-quatre heures, aux Bureaux des Receveurs Generaux, les Originaux des Exploits de saisies qui seront faites entre leurs mains, au pied desquels Exploits ils signeront leurs Déclarations des sommes dûes & employées dans les Etats des Finances, au profit des Parties prenantes & saisies, même des saisies précedentes qui pourroient avoir été faites entre les mains desdits Receveurs Generaux sur les mêmes parties.

Du 26 Février 1737.

* Arrest du Conseil, qui fait défenses aux Officiers de la Table de Marbre de Roüen, de connoître en premiére instance d'aucune des matiéres d'Eaux & Forests, Pêche & Chasse, & de recevoir aucun Garde desdits Eaux & Forests, Pêche & Chasse, à peine de nullité, & de tous dépens, dommages & interests.

Du 26 Février 1737.

* Arrest du Conseil, qui déboute le sieur Boussion du Coudray,

de fa demande en décharge du Droit de Franc-Fief, qu'il prétendoit comme Habitant de la Ville d'Angers. Ordonne que nul Roturier ne pourra fe prétendre exempt du Droit de Franc-Fief, en vertu de l'Arrêt du Confeil du 19 Septembre 1730. s'il n'eft originaire de ladite Ville d'Angers & n'y a fon domicile établi, ou fi n'en étant point, il n'y fait fa réfidence actuelle, & n'y paye les charges & impofitions depuis dix années confécutives.

Du 15 Mars 1737.

* Sentence rendue par le Prevôt des Marchands & Echevins de la Ville de Paris, qui condamne Jean Aurelle Maître Tailleur d'Habits, Propriétaire d'un terrain fis au bout de la ruë Saint Dominique, Faux-bourg Saint Germain, en trois mille livres d'amende, applicables à l'Hôpital General, pour avoir conftruit fur ledit terrain une voute de cave & fondé des Murs pour élever une Maifon; ordonne la démolition defdites conftructions, la confifcation des matériaux, & la réünion de la place au Domaine du Roy; condamne le nommé Carré Maître Maçon, en mille livres d'amende, & le déclare déchû de fa Maîtrife, pour avoir entrepis de conftruire ledit Bâtiment.

Du 15 Avril 1737.

* Arreft du Confeil, qui ordonne l'execution de celui du 29 Septembre 1634. & en conféquence que les Officiers des Eaux & Forefts de la Ville du Mans, précéderont ceux de l'Election en toutes affemblées publiques & particulieres, avec défenfes de les y troubler à l'avenir; condamne les Officiers de l'Election du Mans aux dépens, & fur le furplus des demandes met les Parties hors de Cour.

Du 15 Avril 1737.

* Arreft du Confeil, qui caffe & annulle un Arreft du Grand Confeil, du 9 Aouft 1728. par lequel le fieur Marquis d'Averne, Seigneur Engagifte du Domaine d'Orbec, avoit été maintenu

dans le Droit de preſenter aux Beneſices dépendans de ce Domaine.

Nota. Cet Arreſt juge que le Droit de Patronage appartient
au Roy, à l'excluſion de l'Engagiſte, encore que ce Droit ait
été compris dans les Contrats d'alienation paſſés en execution
de l'Edit du mois de Mars 1695. c'eſt une interpretation ou ex-
tention de la révocation des alienations du Droit de Patronage, portée par Edit du mois de May 1715. qui ſemble ne com-
prendre que les alienations faites en execution de l'Edit du mois
d'Avril 1702. ou autres Edits & Déclarations intervenus en
conſéquence.

Du 16 Avril 1737.

Arreſt du Conſeil, qui ratifie tout ce qui a été fait par Meſ-
ſieurs les Commiſſaires du Conſeil, pour l'acquiſition du Duché-
Pairie de Châteauroux & Droits en dépendans, vendu à Sa Majeſté par M. le Comte de Clermont & Reglement pour la Régie & adminiſtration de la Terre de Châteauroux & revenus
en dépendans, *contenant ſept Articles.*

Du 30 Avril 1737.

* Arreſt du Conſeil, qui en interprétant l'Article XIV.
du Reglement du 29 Aouſt 1730. pour les Bois de la Province
de Franche-Comté, ordonne que les Parties contre leſquelles il ſera intervenu dans les Maîtriſes particulieres des Eaux &
Foreſts de ladite Province, des Sentences portant condamna-
tions d'amendes, reſtitutions & autres peines, ſeront tenuës à
l'avenir de faire ſignifier aux Gardes Generaux, Collecteurs des
amendes deſdites Maîtriſes, les appels qu'elles en auront interjetté à la Chambre des Eaux & Foreſts établie près le Parlement de Beſançon & les Jugemens de décharges ou modera-
tions qui ſeront intervenus ſur leſdits appels, à peine de payer les
frais qui auront été faits contre elles par leſdits Gardes Generaux
& Collecteurs des amendes, faute de leur avoir fait faire leſdites ſignifications dans le tems preſcrit par l'Article V. du Titre
VI. de l'Ordonnance de 1669.

Du 30 Avril 1737.

*   Arreſt du Conſeil, qui défend aux Portiers , Gardes , & à toutes perſonnes d'envoyer ou mener paître aucunes Vaches ou Beſtiaux dans le Parc de Vincennes, à peine de cinquante livres d'amende, ny de donner aucune permiſſion d'en faire pâturer, & déclare nulles celles qui ont été données.

Du 7 May 1737.

*   Lettres Patentes, *regiſtrée en Parlement le 7 Juin ſuivant* , qui ordonne des ventes dans les Bois du Domaine de Verſailles, pour l'ordinaire 1738.

Du 14 May 1737.

Arreſt du Conſeil, qui ordonne l'execution des Contrats d'échange faits entre le Roy & M. le Maréchal Duc de Belle-Iſle les 2 Octobre 1718. & 27 May 1719. enſemble des Lettres Patentes du mois de Mars 1731. & de l'Arreſt du Conſeil du 23 Mars 1734. ce faiſant que M. de Belle-Iſle joüira patrimonialement & à titre d'échange non-rachetable à prix d'argent, tant des Juſtices par lui retirées que des cenſives , rentes, treiziémes & Droits en réſultans, aliennés à M. de Bouville le 12 Juillet 1674. comme faiſant partie integrante du corps du Domaine, Fiefs, Seigneurie & Juſtice de Vernon, cedés par le Roy à M. de Belle-Iſle en contre-échange de l'Iſle & Marquiſat de Belle-Iſle , par le Contrat d'échange du 2 Octobre 1718. Et attendu que leſdites Parties du Domaine de Vernon , retirées de M. de Bouville par M. de Belle-Iſle, n'ont point été compriſes dans l'évaluation comme faiſant partie des revenus utiles du Domaine de Vernon étant dans la main du Roy au jour de l'échange, ordonne que par forme de ſupplément d'évaluation dudit Domaine, Fief, Seigneurie & Juſtice de Vernon, M. de Belle-Iſle ſera chargé d'une rente ou aumône de deux cens quarante-deux livres douze ſols ſept deniers, en déduction de celle de quatre cens livres que le Roy fait aux Religieuſes

Murées

Murées de Roüen, au moyen dequoi ladite Rente de quatre cens livres ne sera plus employée dans l'état des Domaines que pour cent cinquante-sept livres sept sols cinq deniers, à compter du premier Juillet 1737. que le surplus sera payé par M. de Belle-Isle annuellement, & ce pour tenir lieu au Roy de pareille somme, à quoi monte le revenu utile desdites censives, rentes & treiziéme, suivant le Terrier & Compte du Domaine de Vernon.

Des 16 & 23 May 1737.

* Sentences renduës par M. Bontemps, Chevalier, Commandeur de l'Ordre de S. Lazare & de Nôtre-Dame de Mont-Carmel, premier Valet de Chambre ordinaire du Roy, Bailly & Capitaine des Chasses de la Varenne du Louvre, portant que les Edits, Ordonnances, Declarations & Reglemens concernant les Chasses, seront executés selon leur forme & teneur; défend à toutes personnes de quelque condition qu'elles puissent être d'y contrevenir sous les peines y portées, & condamne le nommé Desfontaines en deux amendes, l'une de cinq cens livres & l'autre de cent livres, pour avoir été surpris chassant sur des Terres ensemencées, avec un cheval & des Levriers, & encore en deux autres amendes, l'une de deux mille livres, & l'autre de quatre cens livres, au payement desquelles il sera contraint jusqu'à ce qu'il ait indiqué les noms de quatre particuliers qui chassoient avec lui.

Du 21 May 1737.

* Arrest du Conseil, qui accorde un délai jusqu'au dernier Decembre 1737. pour le Controlle des Actes de foy & hommage, Déclarations & reconnoissances aux Papiers Terriers, adjudications de Bois & autres Actes passez devant les Juges, Greffiers & autres Officiers de Justice, de nature à pouvoir être faits également pardevant Notaire, & ordonne qu'à l'avenir lesdits Actes seront controllez dans les délais prescrits par les Reglemens.

*   B

Du 28 May 1737.

* Arreſt du Conſeil, par lequel Sa Majeſté évoque à ſoi & à ſon Conſeil, l'appel interjetté par le ſieur Jacques Begin, propriétaire du Fief d'Orgeux, mouvant du Roy, à cauſe de ſon Duché de Bourgogne, du Jugement rendu en la Chambre du Domaine de Dijon, le 4 Avril 1737. portant que ledit Begin fera enſaiſiner ſon Titre de propriété dudit Fief, &c. Ordonne que ledit Jugement ſera executé; en conſéquence que ledit Begin & autres propriétaires de Terres, Fiefs, Seigneuries & Heritages mouvans & tenus de Sa Majeſté, en Fief ou en roture, feront tenus conformément aux Edits de Decembre 1701. & Decembre 1727. & autres Reglemens, de faire enſaiſiner & controller leurs Titres de propriété & d'en payer les Droits. Ordonne en outre que les termes injurieux inſerés dans les écrits dudit Begin, contre les Receveurs Generaux des Domaines & Bois ſeront ſupprimés; lui fait défenſes de récidiver, à peine de punition exemplaire, & le condamne au couſt du preſent Arreſt, liquidé à ſoixante-quinze livres.

Du 28 May 1737.

* Arreſt du Conſeil, qui condamne des Religieux de l'Abbaye Royale de Nôtre-Dame de Signy, Diocèſe de Reims, à payer le Droit d'Amortiſſement de Biens de la même Abbaye, qui leur ont été cedés par leur Abbé.

Du 4 Juin 1737.

* Ordonnance du Roy, qui permet de faire faucher les Prez avant la Saint Jean, ſans être obligé d'en obtenir la permiſſion des Seigneurs ni des Capitaines des Chaſſes.

Du 4 Juin 1737.

* Déclaration du Roy, *Regiſtrée en la Cour des Aydes le premier Juillet* 1737. portant qu'à l'avenir les Receveurs Generaux des

Finances, auront fur leurs Commis aux Recettes dans les Provinces, les mêmes privileges que ceux que le Roy a fur les Charges defdits Receveurs Generaux, en vertu de l'Edit du mois d'Aouft 1669. & qu'ont les Fermiers Generaux fur les Sous-Fermiers redevables, & fur leurs Employés comptables.

Du 4 Juin 1737.

* Arreft du Confeil, qui ordonne que la Déclaration du 8 Janvier 1715. portant que les appellations des Jugemens rendus par les Juges-Gruyers, feront relevés aux Siéges des Tables de Marbre, fera executée ainfi que l'Ordonnance des Eaux & Forefts du mois d'Aouft 1669.

Du 4 Juin 1737.

* Arreft du Confeil, qui ordonne qu'à l'avenir les Receveurs des amendes des Eaux & Forefts, compteront dans le courant du mois de Juillet de chacune année, du recouvrement par eux fait des amendes prononcées pendant l'année précédente.

Du 4 Juin 1737.

* Arreft du Confeil, qui caffe & annulle le Jugement du Bureau des Finances de Bordeaux du 20 Aouft 1734. par lequel le Sieur Lefparre a été déchargé du payement des Droits de Lods & Ventes de l'acquifition par lui faite le 12 Decembre 1709. de Catherine Lefparre fa Sœur; & condamne ledit Sieur Lefparre, à payer lefdits droits de Lods & Ventes de ladite acquifition.

Du 18 Juin 1737.

Arreft du Confeil, qui ordonne que dans les Etat au vrai & compte du prix de la deuxiéme année du Bail de Nicolas Desboves, Adjudicataire des Fermes Generales-Unies, il y fera fait Recette par *advertatur* feulement du produit pendant les fix années du Bail de Pierre Carlier, précédent Adjudicataire des Fermes, fini le dernier Decembre 1732. des amendes de consignation, ensemble des Droits appartenäns à Sa Majesté pour les Domaines réünis depuis le 19 Aoust 1726. lequel *advertatur* sera admis à la charge par ledit Desboves & ses Cautions d'en compter au profit de Sa Majesté; à l'effet dequoi les Sous-Fermiers & Préposés au recouvrement & Recette desdites amendes & Droits Domaniaux pendant lesdites six années, seront tenus d'en compter audit Desboves, & de lui remettre les deniers qui peuvent être entre leurs mains pour en être ensuite rendu compte au Conseil par ledit Desboves, lequel sera tenu de faire Recette du produit net qui en reviendra à Sa Majesté dans les Etat au vrai & compte de la troisiéme année de son Bail, au lieu de la seconde année portée par l'Arrest du 18 Septembre 1736. le tout sans tirer à conséquence.

Du 22 Juin 1737.

* Arrest du Conseil, qui annulle l'Article LXXXVII. du Reglement fait par le Parlement de Bordeaux le 22 Janvier 1734. en ce qu'il ordonne qu'il ne sera accordé que quatre livres par jour pour le voyage, & trois livres pour le séjour aux Gardes du Corps, Gendarmes, Mousquetaires & Chevaux-Legers, qui ne sont pas Gentilshommes. Ordonne que les voyages & séjours des Gendarmes de la Garde de Sa Majesté, qui ne sont pas Gentilshommes, seront taxés à cinq livres en séjour & six livres en voyage, comme les Nobles & Gentilshommes, conformément à l'Article XCXV. dudit Reglement.

Du 25 Juin 1737.

* Arrest du Conseil, concernant les frais de Justice à répeter sur les Communautez, qui ordonne que les Maires, Jurats, Consuls, Syndics, Receveurs ou Trésoriers & autres ayant la Régie, Administration & maniement des deniers Patrimoniaux, d'Octroy & Communs des Communautez ausquelles il appartient des Droits de Haute-Justice, & qui seront comprises dans les Rolles arrêtez au Conseil pour le recouvrement des frais de Justice indûëment pris sur les revenus du Domaine, seront contraints en leur propre & privé nom, à la poursuite & diligence

des Receveurs Generaux des Domaines & Bois au payement
des sommes pour lesquelles lesdites Communautez seront comprises ausdits Rolles , sauf à eux à s'en faire rembourser par une
imposition sur les habitans, en s'y faisant autoriser par l'Intendant de la Province, au cas que les revenus de la Communauté
ne suffisent pas pour en acquitter les charges.

Du 25 Juin 1737.

* Arrest du Conseil, qui ordonne que les appels des Sentences des Maîtrises, ainsi que les Jugemens qui interviendront sur
iceux, portant décharge ou moderation d'amende , seront signi-
fiez aux Collecteurs des amendes , à peine de payer les frais qui
auront été faits contre les Parties par lesdits Collecteurs, faute
de leur avoir fait faire lesdites significations dans le temps prescrit par l'Article V. du Titre VI. de l'Ordonnance des Eaux &
Forests du mois d'Aoust 1669.

Du mois de Juillet 1737.

* Ordonnance de Louis XV. Roy de France & de Navarre ;
regiſtrée en Parlement le 11 *Decembre* 1737. concernant le Faux
principal & Faux incident , & la reconnoissance des Ecritures
& signatures en matiere criminelle , *contenant trois Titres, le pre-*
mier composé de 69 articles, le second de 53. & le dernier de 20.

Du 2 Juillet 1737.

Arrest du Conseil, qui ordonne l'execution de la contrainte
décernée contre le sieur René de Combles , demeurant en la
Ville de Guerande, par le Directeur des Domaines à Rennes ,
à la Requeste de Nicolas Desboves, Adjudicataire des Fermes Generales-Unies , & en conséquence que ledit Sr de Combles sera tenu de payer audit Desboves ou à son préposé, la
somme de cinq mille deux cens cinquante livres , qu'il doit pour
cinq années d'arrerages , échûes au 4 Septembre 1736. d'une
rente de mille cinquante livres , qu'il a consentie être faite au
Domaine , & qui a été agréée par Arrest du Conseil du 4 Sep-

tembre 1731. pour être maintenu dans la possession & jouïssance des Domaines de Guerande, Croyes & dépendances, & le condamne au coust de l'Arrest liquidé à soixante livres.

Du 9 Juillet 1737.

* Arrest du Conseil, qui ordonne l'execution de la Déclaration du Roy du 9 Mars 1709. & que conformément à icelle, les trois sols pour livre attribués aux Receveurs & Controlleurs des Epices & Vacations, seront payés de toutes les vacations & Droits attribués à Messieurs les Lieutenans Civil, Criminel, & à M. le Procureur du Roy du Châtelet de Paris.

Du 16 Juillet 1737.

Arrest du Conseil, qui évoque à icelui l'opposition formée à l'enregistrement au Bailliage de Vernon, de l'Arrest & Lettres Patentes des 14 & 17 May de la même année, concernant l'échange fait entre le Roy & M. le Maréchal de Belle-Isle, & les Droits de franc-Aleu & de franc-Bourgage, dont plusieurs Habitans dudit Bailliage se prétendent exempts.

Du 16 Juillet 1737.

Arrest du Conseil, qui évoque à icelui l'opposition formée par la Dame veuve & héritiers du sieur Savary, Grand-Maître des Eaux & Forests au Département de Roüen, à l'Enregistrement au Parlement de Normandie de l'Arrest & Lettres Patentes des 14 & 17 May précédent, rendus en interprétation du Contrat d'échange fait entre le Roy & M. le Maréchal de Belle-Isle.

Du 16 Juillet 1737.

* Arrest du Conseil, qui fait défenses aux Officiers de Police de la Ville de Provins, de prendre connoissance des matieres d'Eaux & Forests, & de ce qui concerne le curement des rivieres & ruisseaux qui traversent ladite Ville, à peine de cinq cens livres d'amende, & de tous dépens, dommages & interêts.

Du mois d'Aouſt 1737.

* Ordonnance de Louis XV. Roy de France & de Navarre; *regiſtrée en Parlement le* 11 *Decembre* 1737. concernant les évocations & les Reglemens de Juges; portant Article XXI. du Titre I. que les Cauſes ou Procès, tant civils que criminels, pendans aux Cours des Aydes, à l'occaſion des Fermes du Roy & l'execution des Baux, circonſtances & dépendances, même tous Procès des Fermiers en nom collectif, ou des Adjudicataires des Fermes, contre leurs Commis en matiere civile ou criminelle, ne pourront être évoqués ſur les Parentés ou alliances des Officiers des Cours des Aydes, avec aucuns des Intereſſés eſdites Fermes en quelque dégré que ce ſoit; le tout ſans préjudice des évocations du chef de ceux deſdits Intereſſés ou de leurs Commis, qui ſeroient parties en leur propre & privé nom, & pour un intereſt autre que celui des Fermes.

Du 6. Aouſt 1737.

* Arreſt du Conſeil, qui caſſe pluſieurs Ordonnances des Officiers du Bailliage de Beaujollois, par leſquelles ils s'attribuoient la connoiſſance des matieres des Eaux & Foreſts, concurremment avec ceux de la Maîtriſe; maintient les Officiers de ladite Maîtriſe dans le Droit de connoître ſeuls de toutes les conteſtations & faits concernant les Eaux & Foreſts, Peſches & Chaſſes, circonſtances & dépendances, & défend aux Officiers dudit Bailliage & à tous autres de les y troubler.

Du 9 Aouſt 1737.

* Arreſt de la Cour de Parlement, portant reglement en faveur des Fermiers des Côches, Caroſſes & Meſſageries, qui leur confirme le droit de la conduite & tranſlation des Priſonniers, Procès civils & criminels, à l'excluſion de tous autres.

Du 20 Aoust 1737.

* Arrest du Conseil, qui casse & annulle un partage fait entre le Seigneur de Vernot & les Habitans dudit lieu, des Bois Communaux desdits Habitans, sauf audit Seigneur de Vernot à se pourvoir pour obtenir son triage dans lesdits Bois, s'il y a lieu, ainsi qu'il est prescrit par l'Ordonnance des Eaux & Forests du mois d'Aoust 1669. & condamne Bernard Cambu, Arpenteur de la Maîtrise de Dole, en cent livres d'amende, pour avoir procedé audit partage sans commission ni autorité, avec défenses audit Cambu de recidiver sous plus grande peine & aux Arpenteurs des autres Maîtrises de faire de pareils partages sous quelque prétexte que ce soit, à peine d'interdiction & de mille livres d'amende.

Du 23 Aoust 1737.

* Arrest de la Cour des Aydes, portant Reglement en faveur des Fermiers des Coches, Carosses & Messageries, qui leur confirme le Droit de la conduite & translation des Prisonniers, Procès civils & criminels, à l'exclusion de tous autres, aux peines y portées.

Du 28 Aoust 1737.

* Arrest de la Cour du Parlement, portant défenses à tous Portiers & autres Domestiques préposés à la garde des Portes, d'exiger ni recevoir aucune somme pour les significations qui leur seront laissées, avec injonction de recevoir lesdites significations, sous telles peines qu'il appartiendra.

Du 7 Septembre 1737.

* Arrest de la Cour de Parlement, qui décharge les Sieurs le Fevre, Maître particulier, & Guidot, Garde-Marteau de la Maîtrise de Chaumont, *du Veniat* contre eux prononcé par une Sentence de la Table de Marbre de Paris du 11 May 1737. qui est mise au néant; avec défenses aux Juges de la Table de Marbre de donner à l'avenir de pareils *Veniat*.

Du

Du 10 *Septembre* 1737.

Arreſt du Conſeil, qui ordonne qu'à la diligence de Nicolas Desboves, Adjudicataire des Fermes Generales-Unies, il ſera inceſſamment procedé, en la maniere accoûtumée & conformément à l'Ordonnance de 1681, au plus offrant & dernier encheriſſeur, à l'Adjudication des Domaines de la Principauté d'Orange, qui ſera faite pour le tems de ſept années, qui commenceront au premier Novembre 1738, & finiront au même jour 1745.

FIN.